Monika Fischer

Für Kommunion & Konfirmation

Einladungs-, Tisch-, Menükarten

CHRISTOPHORUS
BRUNNEN-REIHE

Inhalt

Ein besonderer Tag

Kommunion oder Konfirmation gehören zu den besonderen Festtagen im Leben Ihrer Kinder. An diesem Tag sind sie die Hauptperson innerhalb der Familie und der Kirchengemeinde. Viele Familien feiern dieses Ereignis mit einem großen Fest.

Ich möchte Ihnen mit diesem Bändchen einige Anregungen und Ideen liefern, wie Sie für diesen Anlass persönliche Einladungs-, Tisch- und Menükarten stilvoll und festlich gestalten können. Sie können wählen zwischen aktuellen, klassischen, eleganten oder modernen Karten-Modellen. Auch Beispiele mit christlichen Symbolen wie Kelch, Hostie, Fisch und Brot stelle ich Ihnen vor. Ohne großen Aufwand können Sie alle Karten einfach nacharbeiten.

Ich wünsche Ihnen viel Freude, gutes Gelingen
und noch viele eigene kreative Ideen.

Herzlichst Ihre

Material und Technik

Materialien und Hilfsmittel

Alle Materialien und Hilfsmittel sind im Bastel- oder Schreibwarenhandel erhältlich. Die abgebildeten Einladungs- und Menükarten sind fertige Doppelkarten. Mit Ausnahme von zwei Modellen haben sie die Größe 12 x 17 cm. Die Tischkärtchen erhalten Sie in der Größe 4,5 x 10 cm. Sie brauchen außerdem Briefumschläge und Einlegeblätter, verschiedene Einladungs-, Menü- und Motivstempel, transparente (farblose) Stempelkissen, Embossingpulver in Gold, Silber oder Weiß, Klebeschrift, verschiedene Papiere, Draht, verschiedene Scheren, Lineal, Gold-, Silber- oder Lackstifte und verschiedene Klebstoffe.

Schrift- oder Motivstempel gibt es von verschiedenen Herstellern. Manche Fachgeschäfte leihen die Stempel auch aus. Die hier verwendeten Stempel sind von:

Ilona Butterer
Pfeilerstr. 12
76646 Bruchsal
Tel.: 07251 - 18777

Den Kelchstempel führt:

art stamps
Häldenstraße 44
71732 Tamm
Tel.: 07141 - 604906

Tipps & Tricks

■ Verwenden Sie möglichst farblose Stempelkissen. Sie schonen so die Stempel vor unerwünschter Verschmutzung.

■ Wenn Sie die gestempelten Karten auf einem normalen Bügeleisen einbrennen wollen, lohnt es sich, eine Vorrichtung zu bauen: Legen Sie ein Handtuch in eine Keramikschüssel und stellen Sie Ihr Bügeleisen mit der Bügelfläche nach oben hinein. Sie haben so eine glatte Arbeitsfläche und beide Hände frei. Das Bügeleisen auf „Leinen" einstellen.

■ Sehr zu empfehlen ist das Kleben mit Sprühkleber. Vor allem transparente Bänder, Papiere und viele andere Materialien können Sie ohne sichtbare Kleberückstände sauber aufkleben.

■ Statt Stempel und Stempelkissen können Sie auch einen farblosen Embossingstift benutzen. Sie sollten allerdings relativ schnell malen, da das Embossingpulver nur auf feuchtem Untergrund haftet.

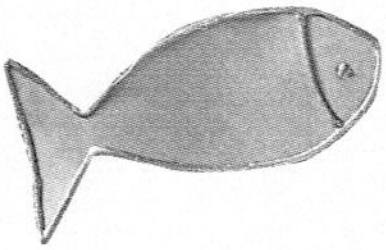

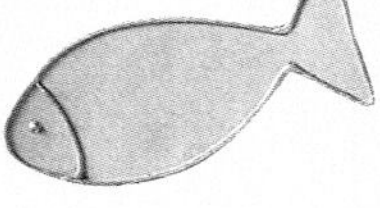

Gestempelte Schriftzüge und Motive

1 Mit dem transparenten Stempelkissen leicht über den Stempel tupfen. Stempel auf die Karte oder ein Stück Papier aufdrücken.

2 Den feuchten Stempelabdruck großzügig mit Embossingpulver bestreuen.

3 Überschüssiges Pulver abklopfen, die Papierunterlage falten und restliches Pulver wieder in die Dose schütten.

4 Die einpulverisierte Fläche auf einem Reisebügeleisen ohne Griff, Toaster oder der Herdplatte einbrennen. Die Karte auf der erhitzten Fläche mit einer Schere leicht andrücken, dann fällt sie nicht herunter. Es entsteht so eine schöne reliefartige Oberfläche. Statt zu stempeln, können Sie sämtliche Karten auch mit Goldstift beschriften.

Ton in Ton

Material

Einladung/Menü

- Karte in Blau, Türkis
- Tonkarton in Weiß, Türkis, Blau
- Stempel
- Stempelkissen
- Embossingpulver in Silber

Tischkärtchen

- Tischkärtchen in Türkis
- Tonkarton in Blau
- Embossingstift
- Embossingpulver in Silber

Zusätzliche Hilfsmittel

- Sprühkleber

Einladungskarte

Eine blaue Karte mit dem gewünschten Text stempeln, mit Embossingpulver bestreuen und einbrennen (Anleitung Seite 5). Weißen Tonkarton, 7 x 8 cm, ebenfalls mit einem Motivstempel verzieren und zusammen mit Tonkarton in Türkis, 9 x 10 cm, der Abbildung entsprechend mit Sprühkleber auf der Karte befestigen.

Menükarte

Weißen Tonkarton, 6,5 x 6,5 cm, nach der Anleitung auf Seite 5 beschriften und zusammen mit Tonkarton in Blau, 8 x 10,5 cm, auf einer Karte in Türkis mit Sprühkleber fixieren.

Tischkärtchen

Blauen Tonkarton dreieckig zuschneiden, auf der Rückseite mit Kleber besprühen und auf ein Tischkärtchen kleben. Mit einem Embossingstift beschriften, mit Silberpulver bestreuen und nach Anleitung auf Seite 5 einbrennen.

Tipp

Tischkärtchen können Sie auch mit Silber- oder Goldstiften beschriften.

Kevin
Einladung zur Kommunion
Menü

Karten im Trend

Material

Einladung/Menü

- Wellpapp-Karte in Gold
- Tonkarton in Natur
- Tonpapier in Apfelgrün
- 2 Holzblüten
- Satinband in Grün, 3 mm breit
- Stempel
- Stempelkissen
- Embossingpulver in Gold

Tischkärtchen

- Tischkärtchen in Gold
- 1 Holzblüte
- Satinband in Grün, 3 mm breit

Zusätzliche Hilfsmittel

- Sprühkleber
- Heißkleber

Einladungskarte & Menükarte

1 Für die Einladungskarte aus grünem Tonkarton ein Rechteck, 6,5 x 7,5 cm, für die Menükarte 7 x 7 cm zuschneiden und jeweils mit den Schriftzügen „Einladung zur Konfirmation" und „Menü" beschriften (Anleitung Seite 5).

2 Tonkarton in Natur, 8,5 x 9,5 cm (Einladung) und 8,5 mal 8,5 cm (Menü), jeweils auf eine Wellpapp-Karte kleben. Darauf die gestempelten Zuschnitte fixieren. Holzblüten und Satinband schleife auf der Karte mit Heißkleber befestigen.

Tischkärtchen

Satinband zur Schleife legen und zusammen mit einer Holzblüte auf einem Tischkärtchen mit Heißkleber fixieren.

Einladung zur Konfirmation
Menü

Kombination in Gelb & Blau

Material

Einladung

- Karte in Blau, Gelb
- Tonkarton in Gelb, Blau, Weiß
- Stempel
- Stempelkissen
- Embossingpulver in Gold

Serviettenring

- Tonkarton in Gelb, Blau

Zusätzliche Hilfsmittel

- Zierrandschere
- Sprühkleber
- Goldstift

Einladungskarten

1 Für die blaue Karte aus gelbem Tonkarton ein Rechteck, 9 x 17 cm, ausschneiden. Mit der Zierrandschere aus weißem Tonkarton ebenfalls ein Rechteck in der Größe 7 x 9 cm zuschneiden.

2 Für die gelbe Karte blauen Tonkarton in der Größe 7 x 17 cm ausschneiden. Die Zuschnitte jeweils mit dem Schriftzug und dem Motiv stempeln, pudern und einbrennen (Anleitung Seite 5). Der Abbildung entsprechend mit Sprühkleber auf den Karten befestigen.

Serviettenring

Gelben Tonkarton, 4 x 13 cm, zu einem Ring zusammenkleben. Aus blauem Tonkarton ein Dreieck schneiden, wobei die lange Seite 8 cm und die kurzen Seiten 6 cm lang sind. Mit einem Goldstift beschriften und direkt auf der Klebestelle des Rings fixieren.

Einladung zur Konfirmation
Britta
Einladung zur Konfirmation

Klassischer Stil

Material

Einladung/Menü

- Karte in Hellbeige
- Tonkarton in Hellbeige, Weiß, Gold
- Tüllband in Hellgrün, 7 cm breit
- 3 Papierröschen
- Rosenblätterranke
- Stempel
- Stempelkissen
- Embossingpulver in Gold

Tischkärtchen

- Kärtchen in Hellbeige
- Tüllband in Hellgrün, 7 cm breit
- 2 Papierröschen
- Rosenblätterranke

Zusätzliche Hilfsmittel

- Sprühkleber
- Heißkleber

Einladungskarte & Menükarte

1 Jeweils ein 17 cm langes Tüllband auf der Rückseite mit Sprühkleber befeuchten und auf den Karten fixieren. Für die Einladungskarte aus hellbeigem Tonkarton ein Rechteck, 7 x 4 cm, für die Menükarte 6 x 7 cm, zuschneiden, nach der Anleitung auf Seite 5 beschriften und jeweils auf den Karten platzieren.

2 Für die Einladungskarte aus goldenem Tonkarton einen Kelch und aus weißem Karton eine Hostie zuschneiden, mit Sprühkleber besprühen und der Abbildung entsprechend auf die Karte kleben. Papierröschen und Rosenlaub jeweils auf beiden Karten mit Heißkleber befestigen.

Tischkärtchen

Tüllband, 3 x 4,5 cm, mit Sprühkleber besprühen und auf dem Kärtchen fixieren. Rosenblätter und Papierröschen zum Sträußchen binden und mit Heißkleber anbringen.

Menü
Einladung zur Kommunion

Aktuelle Farben

Material

- Tonkarton in Blau
- Stempel
- Stempelkissen
- Empossingpulver in Weiß

Zusätzlich:

Einladung

- Wellpapp-Karte in Weiß
- Chiffonband in Blau, 4 cm breit

Tischkärtchen/ Danksagung

- Wellpappe in Weiß
- Chiffonband in Blau, 2 cm breit
- 1 Stoffblüte in Weiß
- Embossingstift

Zusätzliche Hilfsmittel

- Sprühkleber
- Heißkleber
- Zierrandschere

Einladungskarte

Aus blauem Tonkarton mit der Zierrandschere ein Rechteck der Größe 7 x 10 cm zuschneiden, nach der Anleitung auf Seite 5 beschriften und auf der Karte fixieren. Ein 50 cm langes Chiffonband um die Karte legen und auf der Vorderseite zur Schleife binden.

Tischkärtchen & Danksagung

1 Für das Tischkärtchen aus weißer Wellpappe ein Rechteck, 11 x 9 cm, für die Danksagung 10 x 14 cm, ausschneiden und jeweils von der langen Seite her zur Mitte falten. Blauen Tonkarton, 6 x 4 cm (Tischkärtchen) und 6,5 x 4 cm (Danksagung) mit einem Embossingstift beschriften, mit weißem Puder bestreuen und einbrennen (Anleitung Seite 5).

2 Die gestempelten Zuschnitte der Abbildung entsprechend jeweils auf die Wellpappe kleben. Für das Tischkärtchen Chiffonband zur Schleife legen und zusammen mit dem Stoffblümchen befestigen. Für die Danksagung ein 30 cm langes Chiffonband um die Karte legen und auf der Vorderseite zur Schleife binden.

Herzlichen DANK
Hanna
Meine Eltern und ich möchten Euch zu meiner Ersten Heiligen Kommunion herzlich einladen

Edles Design

Material

- Tonkarton in Rotbraun
- Asparagusranke
- Papierröschen
- Stempel
- Stempelkissen
- Embossingpulver in Gold

Zusätzlich:

Einladung

- Karte in Lachsfarben
- Tonkarton in Naturweiß

Tischkärtchen

- Kärtchen in Lachsfarben
- Tonkarton in Naturweiß

Menü

- Karte in Lachsfarben

Anhänger „Danke schön"

- Tonkarton- oder Papierreste
- Papierröschen

Zusätzliche Hilfsmittel

- Sprühkleber
- Heißkleber
- Goldstift

Einladungskarte & Tischkärtchen

1 Schriftzug „Einladung" auf die Karte stempeln (Anleitung Seite 5). Aus rotbraunem Karton ein Dreieck schneiden, wobei die lange Seite 17 cm und die kurzen Seiten 12,5 cm lang sind. Naturweißen Karton mit einem Kelchstempel bedrucken und einbrennen. Das Motiv ausschneiden.

2 Alle Einzelteile der Abbildung entsprechend aufkleben. Auf das Dreieck zuerst die Asparagusranke und das Röschen kleben, damit das Papiermotiv plastisch aussieht. Das Tischkärtchen auf die gleiche Weise herstellen. Mit Goldstift beschriften.

Menükarte

Aus rotbraunem Tonkarton ein Dreieck schneiden, dessen lange Seite 17 cm und dessen kurze Seiten 12,5 cm lang sind. Nach der Anleitung auf Seite 5 beschriften und auf der Karte fixieren. Asparagusranke und Röschen ergänzen.

Anhänger „Danke schön"

Lachsfarbenen Karton in beliebiger Form zuschneiden. „Danke schön" stempeln oder mit Stift beschriften. Ein kleines Papierröschen aufkleben. Mit dem Locher ein Loch ausstanzen. Den Anhänger mit Bast oder Band in beliebiger Länge an kleine „Danke-Päckchen" festbinden. Eine gute Idee, um Papier- und Kartonreste zu verwerten!

Anna
Menü
Danke
schön
Einladung

Silberne Fische

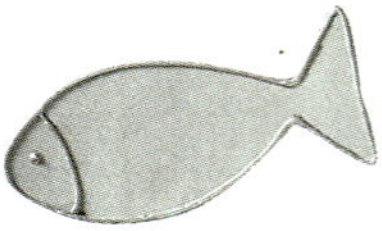

Material

- Stempel
- Stempelkissen
- Embossingpulver in Silber

Zusätzlich:

Einladung/ Tischkärtchen

- Karte in Blau
- Tonkarton in Türkis, Blau
- Tonpapier in Silber
- Konturenfarbe in Silber
- Bastwolle in Silber
- Embossingstift

Menü

- Karte in Blau
- Tonkarton in Türkis, Blau
- Bastwolle in Silber

Zusätzliche Hilfsmittel

- Sprühkleber
- Heißkleber

Einladungskarte & Tischkärtchen

1 Für das Tischkärtchen blauen Tonkarton, 10 x 14 cm auf die Hälfte legen und mit Tonkarton in Türkis, 6 x 8,5 cm bekleben. Das Kärtchen entweder mit einem Embossingstift (Anleitung Seite 5) oder einem Silberstift beschriften.

2 Die Einladungskarte nach der Anleitung auf Seite 5 beschriften. Türkisfarbenen Karton, 8 x 11 cm, auf der Karte mit Sprühkleber fixieren.

3 Für die Herstellung der Fische mit silberner Konturenfarbe jeweils einen Fisch auf silberfarbenes Tonpapier malen. Nach dem Trocknen ausschneiden. Bastwolle und Fische der Abbildung entsprechend mit Heißkleber jeweils auf den Karten anbringen.

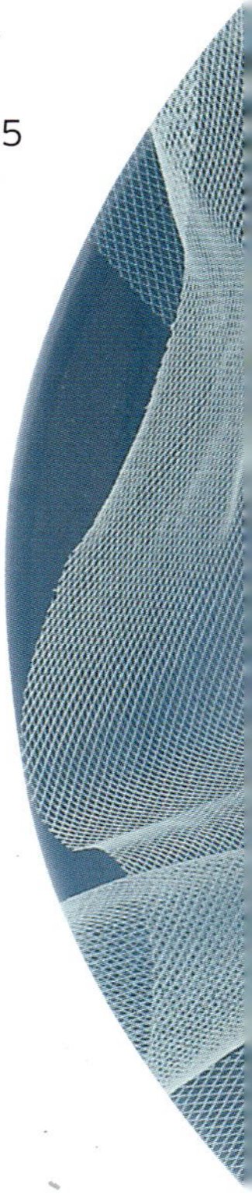

Menükarte

Blauen Tonkarton, 6,5 x 8,5 cm, nach der Anleitung auf Seite 5 beschriften und zusammen mit türkisfarbenem Karton, 8 x 10,5 cm, auf die Karte kleben. Aus Bastwolle eine Schleife legen und mit Heißkleber der Abbildung entsprechend befestigen.

Einladung zur Konfirmation
Andreas
Menü

Gute Tradition

Material

- Papierröschen
- Asparagusranke
- Stempel
- Stempelkissen
- Embossingpulver in Silber

Zusätzlich:

Einladung

- Karte in Grau, 12 x 17 cm
- Karte in Altrosa, 10,5 x 15 cm
- Satinband in Bordeauxrot, 2,5 cm breit

Menü

- Karte in Grau

Zusätzliche Hilfsmittel

- Sprühkleber
- Heißkleber

Einladungskarten

1 Schriftzug auf die Karten stempeln, nach Anleitung auf Seite 5 Embossingpulver einbrennen. Für die graue Karte zwei Satinbänder, 17 und 24 cm lang, mit Sprühkleber befeuchten und der Abbildung entsprechend auf der Karte fixieren. Das querliegende Band auch auf der Rückseite der Karte aufkleben.

2 Für die altrosa Karte auf die gleiche Weise zwei Satinbänder, 15 und 21 cm lang, auf der Karte anbringen. Eine 12 cm lange Asparagusranke und zwei Röschen jeweils zu einem Sträußchen binden, dekorativ anordnen und mit Heißkleber auf der Karte befestigen.

Menükarte

„Menü" nach der Anleitung auf Seite 5 auf die aufgeklappte Karte stempeln und einbrennen. Eine 40 cm lange Asparagusranke zu einem Kränzchen winden, die Röschen mit dem Stil zusammendrahten und um das Kränzchen wickeln. Menükarte zusammenrollen und das Kränzchen darüber schieben.

Einladung zur Konfirmation
Menu
Einladung zur 1. Heiligen Kommunion

Frisches Maigrün

Material

- Stempel
- Stempelkissen in Blau
- Transparentes Embossingpulver

Zusätzlich:

Einladung/Menü

- Karten in Maigrün
- Tonkarton in Blau, Maigrün
- Chiffonband in Blau, 4 cm breit

Tischkärtchen

- Kärtchen in Maigrün
- Chiffonband in Blau, 4 cm breit

Zusätzliche Hilfsmittel

- Sprühkleber
- Heißkleber
- Lackstift in Blau

Einladungskarte & Menükarte

1 Für die Einladungskarte nach der Anleitung auf Seite 5 die Karte mit einem Schriftzug und maigrünem Tonkarton, 7 x 9 cm, mit einem Motiv stempeln und einbrennen. Für die Menükarte nur maigrünen Tonkarton in der Größe 7,5 x 9,5 cm beschriften.

2 Aus blauem Fotokarton ein Rechteck, 8 x 10 cm, für die Einladungskarte und ein Rechteck, 9 x 12 cm, für die Menükarte ausschneiden. Die blauen und grünen Kartonzuschnitte jeweils mit Sprühkleber befeuchten und nacheinander auf die Karten kleben. Jeweils ein 50 cm langes Chiffonband um die Karten legen und zur Schleife binden.

Tischkärtchen

Kärtchen mit Lackstift beschriften. Chiffonband zur Schleife legen und mit Heißkleber auf dem Kärtchen anbringen.

Lena
Menü
Einladung zur Konfirmation

Feierliche Eleganz

Material

Einladung/Menü

- Karte in Apricot
- Tonkarton in Hellbeige, Pastellgelb
- Puppenkerze, 6 cm hoch
- 5 Papierröschen
- Rosenblätterranke
- Tüll mit weißen Punkten, 4 cm breit
- Nähfaden in Weiß
- Stempel
- Stempelkissen
- Empossingpulver in Weiß

Tischkärtchen

- Tischkärtchen in Apricot
- Tonkarton in Pastellgelb
- 1 Puppenkerze, 6 cm hoch
- 1 Papierröschen
- Tüll in Weiß, 4 cm breit

Zusätzliche Hilfsmittel

- Sprühkleber
- Zierrandschere
- Nadel
- Doppelseitiges Klebeband
- Lackstift in Weiß

Einladungskarte & Menükarte

1 Aus beigem Karton jeweils ein Rechteck, 3 x 17 cm, ausschneiden und auf der rechten Seite den Rand mit der Zierrandschere ausschneiden. Pastellgelben Karton, 6,5 x 17 cm, mit dem Schriftzug stempeln und einbrennen (Anleitung Seite 5). Beide Kartonstücke jeweils auf der Rückseite mit Sprühkleber befeuchten und auf den Karten fixieren.

2 Für die Einladungskarte 8 cm langen Tüll auf die Hälfte legen und mit Faden einkräuseln, so dass eine Rüsche entsteht. Die Rüsche um die Kerze legen. Auf der Rückseite der Kerze ein kleines Stück Klebeband anbringen, die Kerze am Karton fest drücken. Beide Karten mit Papierröschen und Rosenblätterranke dekorieren.

Tischkärtchen

Pastellgelben Tonkarton, 4 x 4,5 cm, auf das Tischkärtchen kleben. Mit weißem Lackstift beschriften. Das Anbringen der Kerze ist bei der Einladungskarte genau beschrieben.

Irmi
Menü
Einladung
zur Kommunion

Hellblau & Altrosa

Material

- Karte in Hellblau, Altrosa, 10,5 x 15 cm
- Einlegeblätter, 10,5 x 15 cm
- Stempel
- Stempelkissen
- Embossingpulver in Gold, Silber

Zusätzliche Hilfsmittel

- Sprühkleber
- Zierrandschere

Einladungskarten

Mit der Zierrandschere vom unteren Rand der Karten nach oben jeweils einen Bogen schneiden. Karten und Einlegepapier mit den jeweiligen Motiven und Schriftzügen stempeln und einbrennen (Anleitung Seite 5). Einlegepapier einkleben.

Serviettenringe

Aus dem Restpapier, das beim Zuschneiden der Karten anfällt, mit der Zierrandschere einen Streifen, etwa 3,5 x 14 cm, ausschneiden. Den Streifen zu einem Ring zusammenkleben und mit einem Blütenzweiglein dekorieren.

Einladung zur Kommunion
Einladung zur Konfirmation

Einfach schick

Material

- Handgeschöpftes Naturpapier
- Papierröschen
- Rosenranke
- Naturbast

Zusätzlich:

Einladung

- Karte in Blau
- Goldfolie
- Tonkarton in Weiß
- Klebeschrift „Einladung" in Gold

Menü

- Karte in Blau
- Tonpapier in Beige
- Klebeschrift „Menü" in Gold

Tischkärtchen

- Kärtchen in Blau

Zusätzliche Hilfsmittel

- Sprühkleber
- Heißkleber
- Goldstift

Einladung

1 Handgeschöpftes Papier, etwa in der Größe 8 x 11 cm, reißen. Aus Goldpapier einen Kelch schneiden, aus weißem Karton einen Kreis als Hostie.

2 Die Einzelteile mit Sprühkleber der Abbildung entsprechend auf der Karte fixieren. Rosenranke und Röschen ergänzen. Den Bast zweimal um die Karte legen und festknoten. Klebebuchstaben ergänzen.

Menükarte

1 Naturpapier, 7,5 x 11 cm, reißen und auf die Karte kleben. Beiges Tonpapier, 8 x 2 cm, mit Klebebuchstaben beschriften und die Enden mit der Schere einmal nach rechts und einmal nach links rollen, so dass ein schöner Schwung entsteht. Mit Heißkleber an zwei Punkten auf der Karte fixieren.

2 Aus der Rosenranke und den Papierröschen ein keines Sträußchen binden und auf der Karte befestigen. Naturbast zweimal um die Karte wickeln und verknoten.

Tischkärtchen

Kärtchen mit Naturpapier, 3 x 5 cm, bekleben. Röschen mit Heißkleber anbringen. Mit Goldstift beschriften.

Menu
Doris
Einladung

Zeitlos schön

Material

Einladung/Menü

- Karten in Altrosa, 10,5 x 15 cm
- Tonkarton in Silber, Bordeauxrot
- Steckdraht in Grün
- 2 Holzblüten
- Satinband in Silber
- Klebeschrift „Einladung" in Silber
- Klebeschrift „Menü" in Silber

Tischkärtchen

- Kärtchen in Altrosa
- Tonkarton in Bordeauxrot
- Satinband in Silber

Zusätzliche Hilfsmittel

- Sprühkleber
- Heißkleber
- Silberstift

Einladungskarte & Menükarte

1 Für die Einladungskarte Rechtecke aus silbernem Tonkarton, 4 x 12 cm, und Tonkarton in Bordeauxrot, 4,5 x 12 cm, zuschneiden. Für die Menükarte ein bordeauxrotes Rechteck, 4,5 x 11 cm, und ein silbernes, 4 x 10 cm, aus Tonkarton ausschneiden. Beide Kartonzuschnitte jeweils mit Sprühkleber befeuchten und nach Abbildung auf die Karten kleben.

2 Mit Heißkleber den Draht auf der Rückseite der Holzblüte anbringen, und - solange der Klebstoff noch warm ist - beide Teile auf die Karte kleben. Aus Satinband eine Schleife binden und auf dem Stiel befestigen. Silberne Klebeschrift ergänzen.

Tischkärtchen

Bordeauxroten Tonkarton, 4,5 x 2 cm, und eine Schleife aus Satinband auf das Kärtchen kleben. Mit einem Silberstift beschriften.

Menu
Silke
Einladung

Impressum

Printed in Germany
ISBN 3-419-56260-8

Textredaktion:
Gisa Windhüfel, Freiburg

Styling und Fotos:
Andreas Gerhardt, Freiburg

Covergestaltung und Layoutentwurf:
Network!, München

Gesamtproduktion:
smp, Freiburg
Layout: Gisa Bonfig

Druck:
Freiburger Graphische Betriebe

Wir sind für Sie da, wenn Sie Fragen zu AutorInnen, Anleitungen oder Materialien haben. Und wir interessieren uns für Ihre eigenen Ideen und Anregungen. Faxen, schreiben Sie oder rufen Sie uns an. Wir hören gerne von Ihnen!
Ihr Christophorus-Verlag

Christophorus-Verlag GmbH
Hermann-Herder-Str. 4
79104 Freiburg
Tel.: 0761/ 27 17-0
Fax: 0761/ 27 17-3 52
oder e-mail:
info@christophorus-verlag.de

Aus der Brunnen-Reihe

3-419-56152-0

3-419-56230-6

3-419-56156-3

3-419-56154-7

3-419-56153-9